U0036593

生死不惑

指引 | 生死自在 | 40則

聖嚴法師

法鼓文化編輯部 選編

自在心面對生死

生死謎題可說是千古以來，人類最大的困惑。聖嚴法師將佛法化為「面對它、接受它、處理它、放下它」的四它哲學，不只是解決人生困境的法寶，也是直面生死的智慧。自幼多病、歷經戰亂的聖嚴法師，經常行走在生死邊緣，卻能以生命完成佛法的實踐，法師的一生，可說是如何面對生死的典範。

人之所以害怕死亡，是因為不知死後該何去何從，聖嚴法師說：「我們要想著自己有永遠的過去，還要想著有永遠的未

來，這是接受死亡最好的心理準備。」如果能以聖嚴法師「虛空有盡，我願無窮」的精神看待生死，今生做不完的事，發願在未來的無量生中繼續努力，生命就會永遠有希望。

想要生死自在，我們必須了解死亡，才能真正活著。死亡可分為三種層次：1. 生死茫然、2. 清楚生死、3. 超越生死。透過本書建立正確的生死觀，解開種種擔憂和迷惑，將能從生死徬徨，轉為生死自在。

我們無法決定自己何時生、何時死，卻可以決定如何活出精彩的人生！每一天都是我們的生日，如能經常思惟死亡，將更能提醒活在當下，善用生命！

———— 法鼓文化編輯部

目錄
Contents

目錄
Contents

01
看破生死得自在

　　人的生死，本來就是一回事，當在剛生的時候，就已決定了死亡的命運。可見生有什麼可喜，死有什麼可懼？

　　但是，所謂生死問題，人們所關切的，卻是偏重於死的一端，因為死亡的那一面，又有幾人知道那是什麼境界？

　　不論怎麼樣，工作累了，必須休息；衣服穿破了，必須重換新的；太陽從東方升起了，必定要向西方落下去；爭妍鬥豔的春季繁花，一定會凋謝；熱鬧非凡的歌台舞榭，一定會散去。所謂曲終人散，世

間沒有不散的筵席。

　　看破了，就不會恐懼死亡的來臨。

❁ 生命列車必有終站

　　人生是生命的列車，它有起站的開始，一定會有終站的結束。所以，人生最要緊的是使這一生命的列車，安全地出站，安全地通過全線的行程，並在行程之中盡量為乘車的旅客服務，盡量多載一些乘客，使他們都能平安舒適地，到達他們各人所要到達的目的地。至於本身到達終站時的情形，以及到達終站後的情形，那是不必擔心的。因為，既然能安全地通過這一生命旅程的全線，並也盡了最大的努力去為乘車的旅客服務，最低限度，已可證明，並未造成大意的車禍；更進一層，既已付出了努力的代價，那就很可能會受

到光榮的獎勵了。

※ 最後一站，了生脫死

　　但是，一個學佛的人，學佛的目的，雖然並非僅僅為了準備人生的最後一站，人生最後的一站，卻是學佛工夫的最要緊處。平時用功不著力的人，自己對於所信的佛法，便不能得到真切的受用，自己對於人生的最後，何去何從，也不能產生深切的信心，一切都像是飄在水面上的浮萍一樣，著不到根腳，任由外境的風勢，東吹西飄，西吹東飄。像這樣的人，決定不能了脫生死，縱然修善一生，也只能夠換取未來生死之中的人天福報，這一人天福報的換取，雖然也是出於信佛學佛的功用，可惜，佛法的大海，遍處都是真珠珍寶，他們卻是僅從佛法的海邊，拾了幾隻

不值錢的貝殼而已。

　　佛法的功用，是在令人如法修持，了生脫死。

————

選自《神通與人通》

聖嚴法師的叮嚀

把生命做為修福慧的工具，
既不貪戀生命，也不畏懼死亡；
既不厭惡生命，也不逃避死亡，
那就是生死自在。

02

鍛鍊人生的智慧

　　人的一生中，一定會經歷生、老、病、死，一般人覺得這些事非常痛苦，但是實際上它們是人生必經的過程，是一個誰也逃避不了的事實，只能去接受它。假如能看透生、老、病、死，坦然面對，這也是一種人生智慧。

※ 學習面對死亡

　　面對親人或朋友的死亡，我們心裡一定不會快樂，就算是佛陀也一樣。但我

們應該面對他已經死亡的事實，只能為他祈福——如果是天主教徒，就祈求他升到天國；如果是佛教徒，則期望他能往生淨土。我們甚至還會替他送行，因為這個人的一生已經告一個段落，無論他在人世間活了多少年，總是一個過程的結束；但我們不是用歡喜心來送他，而是用非常隆重莊嚴的態度。其實，有一天我們也會走上相同的路，而親友的離去能讓我們學習面對死亡，這也是一種智慧。至少有一天面臨死亡時，心裡不會那麼哀痛、恐懼。

※ 智慧來自人生的體驗

宗教確實能提供人們智慧。不過宗教也有層次，所有高層次的宗教都是很重視智慧的。這智慧一定是由人生的體驗而來，而一般人所謂的智慧，是從觀念或學

問而來，其實是一種聰明才智，所以智慧與聰明才智不同。

當一個人歷經一場生死交關的經驗後，體會出一些人生道理，或認識了宇宙的真理而相信神，用佛教的語言來說，就是體驗到世間無常的真理，此時他的我執與自私心會慢慢放下，智慧因而產生。

選自《不一樣的生活主張》

聖嚴法師的叮嚀

面對隨時會到臨的死神，
我們要想著自己有永遠的過去，
還要想著有永遠的未來，
這是接受死亡最好的心理準備。

03
最健康的生死觀

　　避談死亡，多半是因為恐懼，而恐懼的主要原因是不了解。中國人談到死亡話題時，總是賦予陰森森的印象，形容活著時是在「陽間」，死了以後就到「陰間」，陰陽兩界的距離好像很遠。所謂「生離死別」，死了之後再也看不見活著的人，因此不希望談死，這是民間的說法；另外，在儒家的思想中也有「未知生，焉知死」的觀念，看重的是生前而不管死後，正所謂「生死兩茫茫」，這也讓人產生死亡很可怕的印象。

❋ 莊嚴的佛事

　　反觀西方，因為宗教信仰的支持，認為人死了以後可以跟隨上帝到天國，在他們的信仰中，只要經常禱告、懺悔就可以得到神的救濟、召喚。所以，西方人對於死亡就不會那麼恐懼，看法也比較光明。身為宗教師，我見過許多死亡的場合，我常說：「死亡不是喜事，也不是喪事，而是莊嚴的佛事。」實際上，死亡是非常莊嚴的。對佛教徒而言，這也是很坦然、平常的事，因為活著的時候已經知道將會死亡。佛教徒相信人的一生只是短短的一個過程，死亡意謂著結束這一個過程，將進入下一個過程。

❊ 生與死是一線之隔

　　其實，生命是隨時都可能結束的，人出生時就已經註定死亡。因此，最健康的生死觀，應該是父母在生下孩子時就對孩子說，他的出生跟死亡連接在一起，生與死只是一線之隔，是同時存在的。所謂臨終的準備工作，應該是出生時就準備好的。在大家都看重宗教力量的同時，宗教當然不會置身其外，這麼好的信念，我們一定會努力宣導，更期待大家攜手合作，共同推廣。

———
選自《不一樣的生死觀點》

04
什麼是人生？

　　人生是苦樂憂喜，人生是悲歡離合，人生是成敗得失，人生是生老病死，人生是富貴貧賤，人生是善惡是非⋯⋯，除了上述六項外，尚有許多名詞可說明人生。今日且以佛教觀點來透視人生。

※ 人生是苦樂憂喜

　　佛家講人生是苦，一般人卻講求歡樂。歡樂是事實，但為時短暫。享受之前要歷經苦，享受之後還是苦，因此許多事

僅見中間一點是樂，前後兩端仍是苦。

　　憂是憂慮、憂愁，對未發生的事先憂，發生後，未有結果亦憂。喜與憂就如樂與苦，喜是短暫，憂仍較長。佛法對人生的解釋如此。

　　俗話說：「家家有本難念的經。」「人生不如意事，十常八九。」可見喜少憂多。人生常憂慮，即或要「走」時還是免不了擔心。擔心不知何往，擔心子孫禍福，更擔心以後別人對自己的看法。

※ 人生是悲歡離合

　　喜家族團圓，悲生離死別。夫妻在談戀愛時是苦是樂？小說家以「苦酒」比喻戀愛，可見愛中仍是有苦，婚後仍免不了時苦時樂。

　　以我個人而言，也是勸合不勸離，贊

成合不贊成離。我雖出家，但我主張在家人既已結婚，就不要分離。

❀ 人生是成敗得失

人的一生過程，不離成敗得失中打轉，失敗可說是一種鍛鍊。

凡人得到的，不會認為已經夠多；付出一點點，卻感到付出很多，人大抵如此。俗話說「忘恩負義」，話雖毒，不失為寫照。有些人有了一點成就，就認為全是自己的努力成果，絲毫未想到，別人也同樣有所付出。

❀ 人生是生老病死

生老病死是一生必經的過程，沒有人能避免，人都不希望死，卻非死不可。相

反地，人都希望別人祝自己長壽健康，卻沒想到長壽健康是有條件的。

❀ 人生是富貴貧賤

　　過去光腳上學讀書十分普遍。如今誰還光腳？因此今天大家都稱得上富貴中人，不屬富貴，怎有時間來聽法師說「禪與人生」？

　　貧賤與富貴無法常保。富久了自會懈怠，富過三代者必是不多；貧家反能出現偉大人物，但往後又不過三代。富貴只是曇花一現，如果人人皆富貴，就無貧賤一詞，也無富貴一詞了。因此，如知處貧賤，就要加倍努力；如知處富貴，更應保持警覺。

❀ 人生是善惡是非

　　善惡是非，是否有一定標準？善惡全
是以是否「對人有利」而定，非以個人標
準衡量。人常不以為己惡，甚至做了強盜
也不承認是壞人。是以善惡應以社會的共
同標準作定則，以多數人的需求為依歸。

　　佛教徒當常反省，藉以發現自己的缺
失。上述人生的特徵，要能了解，否則苦
不堪言。

―――――
選自《禪的世界》

05
每一天都是生日

　　當別人問我什麼時候出生？還有我是否慶祝生日這些問題的時候，我會告訴他們，每一天、每一刻都可以算作是我的生日。只要是快樂的場合，總是值得當作生日來慶祝的，因為在這些快樂的時光中，我們的確可以說是重生了。如果我們學會去感激生活中簡單的快樂，那麼每一刻都可以是慶祝生日的時刻。我們會覺得自己一次又一次地出生，時時保持著清新又快樂的感覺。

❀ 人人出生入死

　　這個看法其實也沒什麼新鮮。早在二千多年以前，佛陀就說過，每一個眾生隨時都在經歷著生與死。我們的心和身體，還有四周的一切，都持續地在出生和死亡。世間的一切都在持續改變著，這就是「無常」，也是禪的中心思想——了解我們與這個世界的本性。

　　對許多人而言，衰老與死亡看起來是很悲傷的事情，但即使是悲傷，也是持續生滅的。如果一個人對死亡一直抱持悲傷的態度，那麼他一定也會持續將悲傷帶到生命中。我們每一個行為與念頭，都在生滅，而每一個行為都會製造業因，將來這個因會成熟，然後生起新的緣。這種行為與結果的循環，就是業的循環。在我們經歷生、老、病、死的時候，我們同時也不

斷透過行為及其結果，建構自己的未來。

❋ 時時都是新的生活

佛教徒相信，我們一生中所做的任何事情，都會種下業因，影響下一世的出生與緣分。因此，我們應該特別小心自己身、口、意的行為。如果你知道，每一刻我們都在創造自己的未來，那是應該感到高興的。因為這表示我們有機會讓自己的行為變好，這樣將來所結成的果，不但對自己好，對他人也有益。如果時時無私地為了所有眾生的福祉而努力工作，那麼你就可以說，自己時時都在過著新的生活。

———
選自《禪門第一課》

06

死亡像睡覺

❋ 醒後去哪裡？

人到老年，就該學會坦然面對死亡。

死亡就像是工作一天累了，需要休息、睡覺，去洗個澡就睡了。如果能把死亡和睡覺看成相同的層次和狀況，就很自然，也用不著害怕了。

這兩者的差別是：睡覺後我們知道明天還會起床，起來後我還是我，吃早餐、去上班，還有其他許多計畫。但死亡以後到哪兒去？可以說是起來以後去再生。

但，再生到哪裡呢？這個時候，就需要有宗教信仰了。

若沒有宗教信仰，認為死了以後就沒有了，也相信是沒有了，這是唯物論、唯物主義者。有人問我，唯物論者好不好？如果這一生沒有遺憾、沒有欠缺，死了就是死了，這一世生命就是一期，這只有少數的哲學家可以接受。多數的人都是茫茫然，覺得死了以後，就這樣沒有了，多遺憾呀！包括很多朋友、很多的關係人，還有自己這一生所奉獻的，從此以後都沒有了，實在太空虛了。如果非死不可，就這樣子離開人間，那也沒有辦法，只好面對。但總免不了有一點哀傷和無奈！

❀ 未來有希望，生死不茫然

以上的說法是茫茫然地死亡。對宗教

徒來說，死了以後，是有地方可以去的，不會這樣茫然。死了以後，會出現另外一個境界，體會另外一個生命。對凡夫而言，就是轉生。轉生是根據我們的業力，這一生造了什麼樣的業，惡業或善業，我們下一世轉生，就轉到惡道或善道。善業多做一點，就進入善道；如果做很多惡業，透過懺悔還可以進入善道，如果不懺悔就會進入惡道。

有宗教信仰，就不會畏懼死亡。因為知道生命是一個一個的過程，繼續不斷地往前走，所以這一世生命結束時，不是無奈、不是空虛，而是希望。有一個新的希望在前面，新的環境在前面，不僅要坦然地面對，而且要非常喜悅地接受死亡。

———
選自《生死皆自在》

07

做一日和尚，
撞一日鐘

　　今天臺灣的社會，大多數的人是以名望、權力、財富、地位、聲勢做為人生努力的方向，也以愛情、享樂、安逸、不勞而獲、向人炫耀，以及量化的事業、響亮的頭銜、高貴的身分做為人生的目標。但是在歐美國家，社會上普遍不認為工作有輕重貴賤之分，端看個人的興趣、喜好、能力和機遇，能做什麼就做什麼，這就是最好的生活目標。

❋ 尋找生活目標

　　人的一生，從小到老的過程中，能夠自己掌控要做什麼、不做什麼，那是非常不容易的。譬如我在軍中的時候，有的人並不一定比我更好、更傑出，陞官的時候卻陞得很快，但就是輪不到我。還有，我小時候上學，書讀得最好，可是每次考試，卻從來沒有得過第一名。

　　現在很多人看我好像是滿成功的，可是在六十歲之前，並沒有多少人認識我、看得起我。六十歲以後，漸漸有些人認識我了。我經常這麼想，如果我活不到六十歲，臺灣知道聖嚴法師的人可能不多，就是因為活得比較老，晚年的時候才能有機會對國家、社會有一些貢獻。對一般在家人來說，六十歲已經是退休的年紀，準備要享清福了，可是因為我出了家、做了

和尚，所以六十歲以後還有一些事情可以做，這是不同的生命過程，但這就是我的生命目標嗎？

※ 生命過程就是生命目的

例如，我現在有一個佛教團體——法鼓山，這個團體就是我最終的目標嗎？不是，我的目的是把和尚做好，今天做和尚，明天、後天我還是做和尚，所謂「做一日和尚，撞一日鐘」！

這句話就是說，你現在是什麼身分，就應該把現在這個身分的分內之事做好，做好了以後再往前走，自然會有未來。如果現在不做好、不踏實，老是好高騖遠，一心想著趕快達到目的地，這是不切實際的。舉一個例子，大家在開車的時候，如果不注意眼前的路況，頭腦裡老是胡思亂

想、想著目的地，請問你的車子會開到哪裡去？這是很危險的，很可能會走錯路，或發生意外。

既然生命的過程，就是生命的目的，我們便應該把握生命過程中的每一個階段，事事學習、時時充實自己，把當下的角色扮演好，步步不落空，便能步步往前走。

選自《文集》

聖嚴法師的叮嚀

所謂「做一天和尚撞一天鐘」，
做一天人就應勤勤奮奮地努力，
盡人應盡的本分，
至於有沒有回饋、有沒有收穫，
不用計較、不用執著。

Chapter

08
做自己生命的主人

　　我們若不透過佛法來認識生命，那麼，生命的事實，只是無可奈何的一種現象，永遠在生死中流轉，周而復始。曾有人問我：「為什麼父母要把我生出來，讓我在這世界上受苦、受難？」其實，不是父母要將我們生出來，而是自己要被生出來，若無業感果報，是不會被生出來的。這雖不是出於自由意志，確是出於自作自受，因為由於無明煩惱，使得自己做不了主，若不修學佛法，也沒有辦法使自己得到自由與自在。

❋ 改善自己、提昇生命

　　我曾遇到一個人，他的家境富裕，從小就受到很好的家庭及學校教育。可是對一般人的生活，他都沒有經歷過，因此他反而羨慕一般的人。有一次，他對我說：「師父，我不知道我究竟是幸福、不幸福。我的父母對我實在太好，也因此許多事情我都不會做，也不懂。我沒有辦法像一般人那樣過一般人的生活，有時，我覺得這是生命中的無奈，我無法如一般人那樣地自由自在。」在常人想像之中，有錢人家的孩子，一定是非常滿足的，想不到還有不滿足的人，似乎比窮人家的孩子更不滿足。

　　由此可見，人在世上，對自己生命現象的處境，很少能感到是非常完美的。換言之，即使一生一帆風順的人，在他們的心裡，仍有苦惱，仍感懷疑：「為什麼好

像孤零零地被生在這個世界上？」因此，我們在聽到佛法之後，就應該了解到生在世界上來，是因自己的往昔因緣所造成，不是受制於他人，也沒有被誰作弄。而能不能有辦法來改善自己、提昇生命，才是重要的課題。

❀ 不造惡業，多造善業

生命的提昇，首先是不造惡業，要造善業。若能夠不造惡業，多造善業，對我們的生命，不能說立竿見影，馬上就能改善，至少將會改善，如若這一生不能改善，未來生也能改善。將希望與信心寄託於未來，對佛法有信心，便對自己能夠去惡向善有信心。

———
選自《禪的世界》

Chapter

09

人生如夢

從時間上來看，**歡樂是太短促了。**
而苦呢？卻是非常地長。但不管是苦、是
樂，這都是夢。如果不修行、不解脫，這
夢便沒有醒的時候。但是醒了，也不是
一醒就永遠醒的，好比早上醒來，夢是醒
了，晚上睡覺的時候，又去做夢了。還有
的是早上醒了，但在白天裡，也會睜著眼
呆呆地做白日夢。因此眾生愚癡，在無限
期的時間裡，都在做夢，所以才叫作「長
夜漫漫」、「醉生夢死」，而在這長夢裡
頭的主角是誰呢？就是「我」！

❀ 生死無常的警覺心

生死的夢，想逃都逃不掉。有沒有人想到？活了幾十歲，最多百歲左右，最後也難免一死。就如我小時候看到的那些老人家，怎麼沒有想到他們快要死了？你們想想，老人家會想到死嗎？他們是知道這回事的，可是，你們說，誰願想到死呢？即使明明知道一口氣不來就是死，卻不會想到「我會馬上死」。

所以對「人都會死」這個問題，很少人有這樣的警覺心。只有印光大師，他寫了一個「死」字，掛在他房間裡，時時刻刻面對著「死」這個現實的問題。

❀ 不再醉生夢死

所以，我們要利用這個還沒有死以前

的生命，好好做一些利己利人的事，好好
用功，好好地活下去；否則，生的時候如
醉漢，死了以後又是另一場夢的開始。到
哪裡去做夢？天上天下，到牛胎、馬腹、
豬、狗、貓的肚子裡托生做夢！更糟糕的
是，還有蒼蠅、螞蟻、蚊子，也得去做。

選自《禪的生活》

10
要小心，不要擔心

　　這世間處處都有平安，也處處都不
平安。所謂「處處都有平安」，是因為如
果你的心理狀況是平安的，當遇到任何狀
況，都不會受到太大影響。我們要有一
個正確的觀念——這個世界上，不如意的
事情十之八九；另外，還要有一個心理準
備——人的生命，隨時面臨著死亡與危機。
大家聽了以後不要覺得：「這個老和尚觸
我霉頭，我還這麼年輕，就叫我們面對死
亡。」

※ 愈怕死愈容易死

因為我們不敢面對死亡這個事實，所以對死亡非常恐懼。其實恐懼死亡的人，死亡的機率反而可能比較高；如果能夠面對死亡，隨時隨地準備可能死亡的狀況，這樣一來，死亡的可能性就會減少。

另外，有記者問我：「現在溫哥華有好多青少年飆車、發生車禍，甚至撞死人，該怎麼辦？」這是因為二十歲不到的孩子，不知道有死亡這回事，更沒有想到死亡也會臨到他們頭上，所以沒有預防的心理準備，因此，他們出的紕漏比較大，死亡的可能性也比較大。

※ 安心最重要

因此，有以下兩種危險的狀況：一種

是害怕死亡，一種是不知道有死亡。最好
的辦法是：第一，心理上，隨時準備面臨
可能的生命危機在我們面前發生；第二，
做好無常的預防，即是危險的事不要碰，
或者如何讓事情的危險性減到最低，這都
可以做得到。擔心沒有用，應該要小心、
用心，更重要的是安心，因為心安的話，
我們就可能避免危機的發生了。

選自《佛法的知見與修行》

聖嚴法師的叮嚀

做好當下的事，
小心而不擔心，
才能從容自在。

II

如何不怕死？

　　本來人的生、老、病、死是自然現象，擔心也沒有用。我經常勸告一些怕死的人，你愈怕死，死亡愈接近你，不如以坦然的態度面對死亡，而不是等待死亡，這才是健康的心態。

❋ 做好心理準備

　　事實上，我個人從小身體就不是很好，所以體認到病、老、死幾乎是連在一起的。在我的解釋裡，並不一定等到成為

銀髮族才變老，有的人在年紀很輕時，就已經考慮到死亡的問題。我自己在二十多歲時就有心理準備，如果能活到三十歲已經不錯了，三十歲以前，我應該在死亡之前做一些準備，好好地充分利用時間。但是到了三十歲時還沒有死，就這樣，一直到現在七十多歲也還在。

※ 當成平常的事

不過，我並不是每天等待死亡，而是無論死亡何時來臨，都把它看成很平常的事，不要把它當成一樁不得了的事。問題是，一個人如果在生命過程中對自己、對他人沒有交代，這個生命過得再長，也會覺得沒有意思。如果能對自己與他人都有所交代，生命或長或短都沒什麼關係。

很多人年紀輕輕就過世了，可是他對

於人類社會有很大的影響，例如耶穌死時只有三十三歲，孔子的弟子顏回也只有四十歲，他們雖然死了，可是在這個世界上卻留下了非常寶貴的智慧遺產；釋迦牟尼佛則在八十歲時涅槃，也對人類有非常大的貢獻。我的想法是：死亡是必然的事，等待死亡是可憐的事，害怕死亡是可悲的事，面對死亡、不怕死亡，則是非常偉大的事。

———
選自《不一樣的生死觀點》

12
人生為何？

很多人問我：人生的本質是什麼？人
生的意義是什麼？人生的價值在哪裡？人
生的目標是什麼？

❀ 人生的意義是盡責、負責

人生的意義在於盡責任、負責任。
每一個人從出生到老死的生命過程中，扮
演著許多不同的角色：做兒女、然後做父
母；做學生、然後做老師；做同事、做長
官、做部屬、做朋友。這些就是人與人之

間的倫理關係，是屬於責任的範圍。

如果沒有盡到責任，所扮演的角色就叫「不倫不類」，通常我們形容很奇怪的樣子叫不倫不類。如果從倫理的標準來看我們自己，常常會發現自己是不倫不類的，因為只要在某個角色上責任盡得不夠的話，就是不倫不類。

❋ 人生的價值是奉獻、貢獻

什麼是人生的價值？很多人認為一個人有名、有地位、有勢力、有錢，就表示他的價值相當高。然而這些到底算不算有價值？可以算是，也可以說不算。那就得看他對人類社會的貢獻有多少，如果沒有貢獻，只有地位、只有錢、只有名，那麼他的價值就很有限了。

所謂奉獻、貢獻，也要從盡責任、負

責任著手，並且從不同的角色來盡責、提出貢獻。

在這個世界上，與我們有直接關係的人並不多，如果要你把從有記憶開始，與自己相關的人的名字一個個寫出來，看看會有多少人？相信不會太多，恐怕很少人能夠寫出一千個與自己相關的人名吧。每人心裡想到的親友，轉來轉去就是那幾個人而已，但若論到間接有關係的，那人數就很多了。

講責任可能只要對某些事、少數特定對象負責，若講貢獻就不一樣了，無論是否扮演盡責任的角色，在任何場合，對任何對象都有貢獻的機會，無論你跟他是不是有直接關係，同樣可以有貢獻。

例如走在馬路上，看到一個陌生的小孩子要過馬路，你並沒有責任必須去帶他過馬路，可是此時就是一個貢獻的機

會。也許很多人會這樣想：「那個小孩子自己過馬路，應該不會有什麼問題，我現在要趕路，沒有時間。」可是，如果那個小孩子突然被車撞了，而一個舉手之勞便可救人的機會就這樣白白錯失，豈不令人遺憾？

※ 承擔貢獻的任務

所以貢獻，不一定是在自己有直接關係的範圍之內，而是可大可小、可近可遠的。大可廣被全世界，乃至對一切眾生，我們都應該承擔起奉獻、貢獻的任務來。雖然人生的意義是盡責、負責，只要把自己現在職務上的分內事做好就夠了，但這僅是盡了本分，尚不能說有什麼大貢獻。

選自《平安的人間》

Chapter

13

隨時面對
生命中的無常

　　從禪的立場來看我們的生命以及我
們生存的環境，可以用一個非常重要的名
詞來形容，那就是「無常」。我們無法預
料哪一天會有地震、暴風雨，何時會有水
澇、荒旱、戰亂、盜賊等，往往在非常平
安的時候，卻有非常不平安的事情發生。
就像曾有一架聯合航空公司的客機在紐約
甘迺迪機場附近失事，當飛機墜落時，有
十多棟民房被撞毀，數人失蹤，那些人即
使在數秒鐘之前，根本不知道會發生這樣
的禍事，但是就這麼突然間發生了，這就

是「無常」。

※ 居安思危的危機意識

所以，我們要隨時保持危機意識，譬如航空公司要做好安全的措施，然而即使有了安全措施，也不能夠保證不會發生意外。那麼該怎麼辦呢？如果自己已經死亡，根本連恐懼的機會都沒有，但若是自己的親人遇到這種狀況時，我們只有面對、接受這項事實了。

然而如何使得心能夠平安？那就是在接受無常事實的同時，珍惜自己的生命，也愛護其他人的生命；因為生命是很可貴的，不知道「無常」何時會到，只有在無常尚未來臨之前，好好地運用我們的生命，為他人做全力的奉獻，才是最實在的。

有些人會認為學了禪之後，大概就不會死了，這是不可能的。禪修的人，身體會健康一些，心理會平衡一些，但是該死亡的時候，還是免不了的。一般人認為這個身體就是生命，也有人認為心或精神是生命，甚至有人認為生命就是靈魂，其實那些都不是完整的生命。

❀ 生命是生滅無常的一種過程

我們的生命是四個條件的結合體：呼吸、身體、心念，以及身與心所處的環境。因為有呼吸，才有活著的身體，加上心念的活動，便知有生命的事實；此外，還要有身心所寄的時空環境，才會有生命存在的現象。許多人會把身外的財產、家屬、事業，當作是自己的生命，一旦失去了這些東西，便不想活了，其實，不僅身

外之物不可靠，就是生命本身，也是生滅無常的一種過程。

　　從禪的立場來解釋，生命是時間加空間的活動，在時間的過程之中移動，在空間的範圍之內變化，時間加空間，覺得有個「我」的存在，這就是生命。因此，生命似乎是一樁不可捉摸的事，其實不然，生命是一個事實，它是可貴的工具，我們可以利用生命來做想做的事。

　　有人的生命是非常好的工具，能在一生之中完成許多工作，這是相當優秀的工具；有人的生命是普通的工具，不能完成什麼理想，因此，工具是需要鑿磨及鍛鍊的，熏陶鍛鍊的工夫愈深，工具的功能就愈好。

　　此外，有的人可以活到一百多歲，也有的人出生後不久就去世了，甚至還未出世，就死在母胎中了，所以說生命是無法

掌控的。像我這樣衰弱的身體，也活到了七十多歲，而在我出生的家族之中，有一個姊姊在襁褓中就去世了，另有一個姊姊也只活到十八歲，比起她們來，我不是早就應該走了嗎？

但是，我隨時在準備面對死這個事實，因為我的一生，見到的死亡太多了。臺灣的九二一大地震之中，數百具死屍躺在地下，我走過一個一個的遺體，為他們祈福。而我和他們不同的地方，就是多了一口呼吸，當我沒有呼吸的時候，就跟他們一樣了。

———
選自《禪的理論與實踐》

I4
如何面對死亡？

如何面對死亡？如何使得死亡有尊嚴？

❈ 面對死亡的三種態度

以禪修者的立場來看，死亡可以分三個層次或三種態度：

1.隨業生死 —— 生和死，自己做不了主，迷迷糊糊由他生，由他死；生死茫然，醉生夢死。

2.自主生死 —— 清楚地知道生與死，

活要好好地活，死要勇敢地死；活得快樂，死得乾脆。

3. 超越生死 —— 雖然有生有死，但是對於已經解脫、超越生死、大悟徹底的人來講，生不以貪為生，死不以怕為死；生與死不僅僅相同，甚至根本沒有這樣的事。

能生則必須求生，非死不可則當歡喜地接受；感恩生存，也當感謝死亡。努力求生，生存時能使自己提昇生命的品質，淨化自己的心靈。但不可求死，也不用怕死，對死亡要存有感謝的心，因為死亡能使自己放下此生千萬種的責任，帶著一生的功德，迎向一個充滿著希望和光明的生命旅程。

生死的現象，猶如日出與日沒。日沒時，只是太陽在地平線上消失，其本身並不會消失；日出時，只是太陽在地平線上

升起，其本身一直高懸於太虛空中。

　　人的肉體雖然有生與死的現象，然而，人人本具之清淨佛性，永遠如日在中天。因此，死亡不是可怕、可悲的，不必畏懼它；對我們的未來，應該充滿著希望。

　　當以喜悅的心，勇敢地面對死亡、接受死亡。對於自己一生的行為，不論是善、是惡，都要感謝，因為那是歷練的經驗，應當無怨、無悔、無瞋、無傲。過去的已成過去，迎向光明的未來，此時最為重要。

※ 修行而隨願、隨念往生

　　往生時的心態，有六種因素，可以決定死亡後未來的前途：

　　1.隨業 —— 善業、惡業，哪一種較

重，就到哪個地方去。

2. 隨重——受完重業的果報，依次再受輕業的果報。

3. 隨習——未作大善、大惡，但有特殊強烈的習氣，命終時，便隨習氣的趣向而投生他處。

4. 隨緣——哪一種因緣先成熟，就到哪裡去。

5. 隨念——由臨命終時的心念傾向，決定去處。

6. 隨願——臨命終者的心願是什麼，就決定死亡後到哪裡去。

佛教徒是要修行到隨念、隨願，如果變成了隨業、隨重、隨習、隨緣，那是非常可憐的。

臨命終的人，如果已陷入昏迷，失去自主自知的能力，親友應當以虔誠安定的心，為他誦經、持咒、念佛菩薩聖號，或

者在他旁邊禪修，以定力和信力，幫助他的神識免於茫然，免於昏亂，而能得到安定，迎向光明，這樣才不會使亡者下墮，而能超生。

　　死亡的尊嚴，原則是不能違背平安與寧靜，不是讓臨終的人痛苦地走，不論是在肉體上或精神上的痛苦，都對死亡的人有害無益；平安的死亡，即是死亡的尊嚴，切忌慌亂地用器械搶救，不可呼天搶地地哭喊。重要的是，讓他平安、寧靜、祥和、溫馨地離開人間。

———

選自《平安的人間》

15

生死是平常事

　　人往往貪生怕死，對生命有無限的貪戀，對死亡有說不出的恐懼，但生與死豈由人自己做得了主！對於死亡的恐懼、害怕、擔心，都沒有用。愈是不想死，可能死得更快；愈是不怕死，不一定就非死不可。開悟的人把生死置之度外，以平等心看待生死，把有生就有死當作自然現象。憨山禪師開悟後，引用幾個比喻來形容他所體驗到的生與死。

❋ 生死如花開花謝

他說，生死的現象有如晝夜的關係，有白天就一定有晚上，所以，既然有生就一定會死；即使討厭黑夜畏懼死亡也是徒然，要來的一定會來。生死又像水流，永遠流動不歇，絕不在一點上停留；人的生命由出生至死亡，當然也不能有片刻停滯。水向下流是正常，由生到死也是正常。花開花謝也是自然界的必然現象，花既然不可能永遠開而不謝，人也不可能永遠生存不死。

❋ 以平常心看生死

這些都是非常容易懂得的道理，而且是亙古不變、到處相同的道理。生死平常如自然現象，就如人的鼻孔都是朝下長

的，永遠不變，到處相同。因此，若以平常心看生死，生死是平常事，就不必貪生畏死，也不必厭生求死。能夠生存的時候當然要求生，必須要死的時候就迎接死亡吧！

平常人之所以沒有安全感，怕疾病、怕災難、怕死亡，都是因為未能洞察生死現象的自然律則。

———
選自《公案一〇〇》

聖嚴法師的叮嚀

以平常心面對順境和逆境，
隨時珍惜現在擁有的，
踏實走過人生的每一個段落。

16

人能永遠不死嗎？

　　曾有一位中醫師問我：「宇宙有多大？人的壽命有多長？」他說他見到一本書上描寫，宇宙是有限的，而科學家們認為，宇宙正在迅速膨脹，往外延伸，拓展到最後極限時，宇宙就毀滅了。他又看到另一本書上說，人類無法使得身體達到完全健康的目的，因為人的肉體無法脫離磁力線的控制，整個宇宙就是一個大磁場，控制著所有一切東西的活動，怎麼努力，用任何方法，也仍無法超出磁力線的控制之內，所以有生者必將死。因此，他希望

能從醫學的理論上尋求突破，使人類能夠免於死亡。

※ 沒有永恆不變

他是如此地熱心，我只好為他祝福，希望他成功。但經過一陣深思之後，他又失望地告訴我說：「大概辦不到！」因為佛說諸行無常，宇宙間不論哪一種現象，無一是能夠永恆不變的；的確是如此，但其以因緣的聚散而成的生滅變遷，則可說是無限的。

※ 超越時空，超越生死

宇宙是什麼？就是時間加上空間。從事物的移位變動，知有空間；從事物現象的延續、速度，知有時間。人類所知的

時間、空間既然有限，因此，宇宙一定是有限的。如何能夠超越時空？只有修行一途。當我們肉體的生命和精神的生命，沒有執著，不占時間與空間的位置時，就超越了。不占時空的位置，那究竟在哪裡？那時你既沒有離開時間與空間，但也不受時間與空間的限制。

———

選自《拈花微笑》

聖嚴法師的叮嚀

如果能將死亡
視為永恆時空中的一個片段，
死亡並不等於生命的中斷，
而是另一個起點的開始，
並是充滿希望的另一個起點，
就不會成為關卡了。

17
莫忘身在火宅

　　釋迦牟尼佛早就告訴我們「國土危脆」，佛教稱我們所處的這個世界叫作「娑婆世界」，意思是「堪忍」，也就是說我們所處的這個世界是不完美的，只是還可以忍受。大家都知道，地球這個環境其實充滿了危險，而且非常脆弱，經常會有各種的自然災害發生──風災、水災、地震、瘟疫，除了天災，還有人禍，像是戰爭。

❋ 生命無常

　　佛陀也告訴我們「生命無常」，任何一個生命都是無常的，人命甚至只是在呼吸之間，而且我們本來就處在一個恐怖的環境之中。但由於大家平時看多了、聽多了，也就覺得習以為常了，習慣之後，就會忘掉這個環境中的恐怖，無法體會無常的道理。

　　在我年輕時，就有人稱汽車為市虎，車子就像老虎一樣地可怕，我們常說「馬路如虎口」，一有交通事故發生，就是件轟動的社會新聞。如今每天在各地方都有車禍發生，因車禍而死亡的人數也相當多，但現在大家都已經習慣了，不會把交通事故看得那麼可怕；人們還是每天一樣上街，一樣坐車、開車，不會因為恐懼車禍就不出門，那都是因為習慣之後就不覺

得稀奇。

　　另外一個例子是十多年前愛滋病剛發生傳染時，大家出門都會感到害怕，而不敢使用公共的洗手間、毛巾、碗筷等。至今已有數千萬人因為愛滋病而死亡，未來還會有，死亡人數也不斷累積中。但是現在大家卻已經不再那麼害怕，也忘記了當初所造成的恐慌。

❋ 火宅中的平安

　　事實上，人從出生到死亡，是必然的過程。有生，一定有死，每個人在出生時，甚至遺傳中就帶著各種不安全的因素一起來，這就是生命的事實。我們必須認定，這個世界根本就是個不安定、不安全的環境，在任何時間以及任何地點，都沒有真正的安全，隨時隨地都可能發生

危險。所以佛法又形容這個世界為「火宅」，在火宅中還會有安定、有安全的地方嗎？但是，在火宅中我們仍然要有慈悲心及智慧心，至少在心裡就會有安全感了，就會遠離恐懼。

———

選自《法鼓山的方向：關懷》

聖嚴法師的叮嚀

心裡隨時準備面對與接受
不平安的狀況發生，
隨時可以應變與處理，
才是平安。

18

不要用一生
去追假兔子

一切向錢看，這是我們這個時代的通病，一種不健康的風氣。每個人都要體認到：錢並不能代表自己的快樂、幸福、安全、健康或人格。財富多少只是一個數字，是虛幻的安全感；人真正需要的安全感，並不一定能由金錢中得到，比如：幸福、快樂、真愛、敬重。

※ 「一億人生」快樂嗎？

如果把人生重要的目標，定位在追

求「一億人生」，那就好像是在賽狗跑道上，追逐那隻電動的兔子，它永遠跑得比賽狗快，賽狗再怎麼努力，終會發現兔子是永遠追不上的目標，除非這場比賽停止。

但我們想想：就算賽狗真的追上了那隻電動兔子，又會如何呢？那是一隻假的兔子，又不能吃，追上了又怎麼樣呢？

人們追逐龐大的財富，追逐存款簿上的天文數字，就像賽狗追那隻電動假兔一樣好笑。你拚命工作、拚命投資、拚命理財，也許達到幾百萬或者幾千萬元，幸運的，或者真的有了「一億人生」，但是這樣的人有多少呢？他們真的都很快樂嗎？

我年輕的時候有個好朋友，他天天看邱永漢的經營、理財的書。他興致勃勃地告訴我：只要門道抓對，就可以真的賺大錢。「你做和尚，我來賺錢，未來我支助

你建道場。弘法利生，包在我身上。」他
這樣告訴我。

現在，四十年過去了，我已經是個老
僧，他也是個年近八十的老漢了。但是，
邱永漢仍然是有錢的經營家，我的朋友卻
仍然沒有成為富豪，理了大半輩子的財，
仍然只夠養家活口。

我最近問他：「你賺多少錢啦？」

他說：「錢找人容易，人找錢困難。
錢滾錢容易，手賺錢很難。」萬事起頭
難，你得先有機會，或者先有很多錢，才
能夠錢生錢、錢滾錢。

※ 看清人生真正重要的事

為什麼會這樣？因為人有福報，你是
不是有能力賺錢，還得有相對的資源來配
合；如果沒有，財神爺在你門口走過，你

也只能乾瞪眼。與其立志賺一億，不如發願：盡一生心力，奉獻社會，救苦救難。這樣的願望，是有錢、沒錢都能達成的，而且包管你快樂又幸福。

我並不是說，錢不重要，而是人要認清什麼是人生真正重要的，不要花了一生的時間，其實只在追逐一隻無關緊要的電動假兔子而已。

———
選自《方外看紅塵》

聖嚴法師的叮嚀

人的時間有限，
一個人的才能有限，
不要把時間浪費在無謂的試驗上，
認識自己最要緊，
要安於自己所走的路。

19
生死是一體兩面

　　生命與死亡是一體的兩面，所以生存與死亡，都是無限時空中的必然現象。

❋ 認識生死的真相

　　1. 生是權利，死也是權利；生是責任，死也是責任。活著的時候，接受它、運用它；結束的時候，接受它、面對它。

　　所以對於癌症末期的病人，我會勸勉他們說：「不要等死、怕死，多活一天、一分、一秒都是好的，珍惜活著的生

命。」因為生存和死亡，都是無限時間之中的必然現象；不應該死的時候不應求死，必須要死的時候，貪生也沒有用。

2. 生與死息息相關。每個人從知道有生命的事實那一天開始，就要有面對死亡來臨的心理準備。死亡的發生，可能是親友，也可能是自己，而且隨時都可能發生；這並不是讓我們恐懼死亡，用死亡嚇唬大家，而是如果從小就知道死亡這樣的事實，便能幫助我們智慧成長。

釋迦牟尼佛在年輕的時候，就是發現生、老、病、死的生命事實，才促使他出家修行，最後得到大智慧，進而拯救全世界人類。

❀ 活一天盡一天的責任

死亡何時會發生，沒有人知道；因此，知道它會來臨，但是不必憂慮死亡的

事實會在何時發生，只要是活著的一天，就珍惜生命，盡自己的責任，努力奉獻。

我有位在家弟子，他深信命理，曾請了多位相命師為他算命，都說他只能活到六十九歲，到了那一年，他把工作辭去，財產分掉，等待死亡的來臨。可是第二年仍然活著，於是很後悔地來問我說：「師父啊！我應該要死怎麼沒死呢？您知道什麼原因嗎？」

我說：「也許你做好事積了德，改變了死亡的時間。」

我利用這個機會勸他說：「不要怕死、等死，活一天就盡一天的責任及奉獻，不去管什麼時候會死，只要運用你寶貴的生命好好活下去。」

結果他一直活到八十六歲才去世。

———
選自《平安的人間》

Chapter

20

人生規畫

及早規畫人生方向的觀念，是社會主流，因為學校老師如此說，老師的老師也是如此說，整個社會都習慣這個想法。但是，這種說法也不盡然全對。

❋ 過自己想過的生活

就以我的母親來說，她從小就告誡我：「不用做大人物、大事業，能夠平平安安過日子，那就是福氣了。」我也認為，即使很早就規畫人生，但人生並不一

定能照著計畫走。我有一位信眾，最近說不想做官了，另有人生規畫。我覺得奇怪，剛開始做官時，應該也想長久為政府奉獻；但才短短數年，個人及環境因素讓計畫改變了。

再如微軟創辦人比爾·蓋茲（Bill Gates），年紀還很輕就交棒、退休了，想去從事慈善事業，相信比爾·蓋茲年輕時並沒有想到微軟會賺大錢，而且年紀輕輕就可以退休，過自己想過的生活。

※ 隨順因緣、掌握因緣、創造因緣

人的遭遇並不是可以事先預料的。不同的時空背景，往往會產生不同的人生價值，因此「生涯規畫」常常不可靠。比如我年初就會排好全年的行事曆，但往往會因一些變數，必須更改行程及計畫，

這些並不是僵硬不變的。佛家所說「隨順因緣、掌握因緣、創造因緣」，就是這個道理。

「隨順因緣」是說若因緣出現，可以讓你成長、發展，那就應該隨著因緣去努力完成；這些事如果有五、六成情況是你可以接受，且有利社會，就應把握機會，放手去做，這就是「掌握因緣」了。

至於「創造因緣」，因緣初始可能是不起眼的小事，但可以用種種資源來培養因緣。比如本來是個小公司，可以藉著因緣而成了大公司，很多的企業家都是如此成長的。

我們無法清楚自己能活到什麼時候，又如何能清楚規畫人生呢？如果只規畫活到六十歲，是不是六十歲以後的人生就不管了？年輕時候有人替我算命，說我大概只能活到六十三歲，但我今年已經七十七

歲了。如果我認命地以六十三歲為終點，以後就不再積極做事，那法鼓山這個團體就無法出現了。回頭看，我有幾冊重要著作是在六十三歲以後才完成的。因為我掌握因緣，不會放棄，所以才能完成許多理想，這是我的經驗，提供給大家參考。

選自《方外看紅塵》

聖嚴法師的叮嚀

有智慧的人，
所見的日日是好日，
所遇的人人是好人。
愚人被環境捉弄，
智者能改造環境。

21
怕死怎麼辦？

　　所謂平安，便是不受環境困擾而起煩
惱，不因環境的動亂而內心也跟著波動不
安，心定能如止水，能如明鏡，能如萬里
無雲的一片晴空，則身體雖住五濁惡世，
也不會使我們感覺到煩擾不安，就能將此
混濁的世界，看成人間的淨土。

※ 怕死也沒有用

　　例如有一次我們的汽車，正在高速
公路行駛，突然發現後邊有一輛車，飛快

超過我坐的車,另外,後面又來了一輛汽車,加速緊跟,也想超入我們前面的車道,結果,使我們的這輛車,變成進退維谷,開快會撞上前車,開慢會被後車撞上。我的駕駛弟子,則一邊大叫,一邊嚇得面色發青,心跳個不停,我坐駕駛座旁,始終保持沉默。當危機閃過之後,他問我說:「師父!你為何不怕,差一點就被撞死了!」

我說:「既然有師父在車上,還會撞車出事嗎?」實際上那僅是安慰他的話。

我又說:「要死,如非死不可,怕也沒有用;不死,反正不會死,也就不用怕。以後你要學著用這樣的心態,心平氣和地謹慎開車。」

他回說:「師父,我尚無如此的工夫。」

我勉勵他說:「你要學著每天打坐,

保持心緒平靜，再遇到如此的情況，就能夠不慌不忙，該如何應對就如何處理了。光是臨危大叫，不濟事的。」

臨急應變，切忌慌張，若有定力，便知天下本來無事，好好處理就是。

智慧不起煩惱

若能修智慧，便不起煩惱。無我的智慧，可從聽聞佛法、體驗佛理、反觀自我、洞察人生中獲得，也可從修行布施、廣結善緣、常知慚愧、並修禪定中獲得。有了智慧的人，便不會以煩惱心來處理自己的事，又能用平常心來面對當前的環境，心平氣和，愉快自在。既會將人間視為修行菩薩道的環境，又能把善惡、得失、是非、利害，看成因緣所生幻起幻滅的現象，不需要欣喜欲狂，也不必痛不欲生。

有智慧的人，知道世間一切現象的發生，都有其原因，若能以事前的努力及事後的補救來加以改善，當然極好，萬一已經成了定局，那就放開胸懷來承擔接受。怨天尤人於事無補，於人無益，何必愚癡，煩惱不已。

所以，有智慧的人，雖然生活於此娑婆世界的五濁惡世，卻能享受到佛國淨土的無礙自在。

———
選自《念佛生淨土》

22

時時刻刻都平安

　　在我十多歲的時候，只要看到頭髮蒼白的老人時，就覺得這個可憐的老人大概快要死了。有一次我跟我的師父說：「師父，你看這些可憐的老人，都不知道自己快要死了！」我的師父就罵我說：「胡說！並不是只有老人會死，是應該死的人才會死。」

※ 生死無常，善用生命

　　有了這樣的警覺心及認知之後，我的

心裡經常是準備著死亡，但是我絕對不會
自殺，而是珍惜自己的生命，充分運用我
的生命，好好利用我的生命去幫助別人。
在我生命尚存時，能夠做的，應該做的就
趕快做；能夠與人結善緣的，要好好地
多與人結善緣。因為很可能即刻就會面臨
死亡。

　　有人問我，年紀這麼大了，為什麼
還要這樣疲於奔命，我說這是「廢物利
用」，老廢物還是可以用，用到不能用為
止，不要怕老、怕死。能如此想，就不會
覺得恐懼與痛苦了。

※ 時時刻刻活得平安

　　《心經》中有一段文字：「觀自在
菩薩，行深般若波羅蜜多時，照見五蘊皆
空，度一切苦厄。」這段話的意思是說，

觀世音菩薩在修行非常深的般若智慧時，見到生命的事實，是空的、是假的、是無常的，但是我們要面對它，就能夠遠離顛倒夢想，不再有恐懼，而離開一切苦難。

因為眾生平時都是在顛倒思、顛倒想，以苦為樂，以無常為常，認為這個脆弱的生命和環境，是永恆不變的、不滅的，所以會有恐懼而無安全感。因此要面對它、知道它，有了這樣的智慧之後，自然不會再有恐懼，時時刻刻就在平安之中了。

———
選自《法鼓山的方向：關懷》

23

人生的願望

　　每個人小時候都有許多的夢想、許多的心願，常常想：「我將來要……。」但是長大後，夢想是否兌現了呢？一旦遇到生命的困頓時，便會有疑問：「為什麼我要被生下來？讓我活著好痛苦！好辛苦！」

※ 生命目的是許願、還願

　　如果以佛法的角度來看，不是父母一定要生下你，而是你自己要來的，來的目

的，就是為了還願、許願。在我們短短的一生之中，經常會為了某件事而向某個人許願、承諾，這樣的許願和承諾，無量生以來不知道有多少。所以佛法認為，我們過去許願，這輩子還要再來許願；而過去許的願，尚未實踐、尚未兌現的，也要在這一生或未來生還願。

或許有人會說：「那是你們佛教徒的生命意義、生命目的。我不是佛教徒，為什麼也要把許願、還願當作我的生命目的呢？」的確，一定有人會有這樣的疑問，甚至連佛教徒也會這麼認為。

✳ 有智慧就得自在

換一個角度來看，「許願」和「還願」其實就是我們對生命的承諾；即使沒有學佛的人，也會重視人與人之間的承

諾，更何況是自己對自己的承諾。如果你曾經想過：「如果我能夠……的話，我就會……。」或者是：「但願我能……，那我就要……。」有一些是有對象的，有一些是沒有特定的對象，那不就是一種許諾？一種許願嗎？

一個人只要對前途充滿希望，認為前面有路可走，就一定有他自己的志願和期待，那就是許願。許願之後就會不斷努力來還願，一個願完成了，還會繼續許下一個願。如果這個願是為了他人著想，不僅僅是為了自己，這個人的人格一定很健全，而且不論大願、小願，都會有成就，也會活得很有方向感、很有意義。

以我自己來說，因為小時候家裡很窮，父母沒有足夠的衣服、食物、錢來養育孩子，有時甚至根本沒有，所以我的母親總覺得對不起孩子們。當時我就許了個

願，說：「媽，沒有關係，雖然我們現在很窮，但是等我長大以後，我一定會賺很多、很多的錢給你們用。到那個時候，媽媽就不要再說窮了。」

我一直記得自己發過的願，可是到現在為止，我始終沒有機會兌現。我要如何彌補這個遺憾呢？我只有奉獻自己給一切的人、一切的眾生，藉著幫助其他的人，來表示對父母的紀念或懷念。這就是「還願」。

為了許願和還願，人生必須負責、盡責。

負責任是一種健康的觀念，因為當一個人願意負起責任，完成工作或任務的時候，就有機會認識自己的能力，從中獲得對自我肯定。一個不負責任的人，不容易自我肯定；而一個不能肯定自己的人，往往會失去生存的目標和意義，他的心理一

定不健康，心情也必定不會很愉快。

　　在生命過程中，我們每個人都必須扮演好幾種不同的角色。在家裡你可能同時為人子、為人夫、為人父，或是同時為人女、為人妻、為人母；到了工作場合，又是個工作人員；在學校，可能是個老師，也可能是個學生。

　　不同的角色代表不同的責任，善盡自己的責任就是人生的意義，就是最好的還願和許願。

　　　　　　　　　　　────
　　　　　　　　　　選自《找回自己》

24

正確的死亡觀念

對一個沒有宗教信仰的民族，或者對於沒有過去、現在、未來三世信仰的民族而言，死亡的確是一樁既悲哀又無奈的事。相反地，如果是一個宗教信仰堅固的民族，而且對死後的世界仍充滿希望、光明的話，他們對死亡不會恐懼、也不會悲哀。

為什麼不會恐懼、悲哀呢？因為死了以後如果是進入另一個世界、另一個境界或另一個生命，就好像在一個大樓裡，從這一層到另一層；或在同一層中，從Ａ

座到 B 座，那為什麼要覺得悲哀、覺得恐懼？

在中國文化來講，主張「未知生，焉知死？」這使得我們這個民族非常重視現實人生和現實環境，這樣的人本主義也很好，但是，對死亡卻會感到恐懼。

中國儒家曾說：「朝聞道，夕死可矣！」朝聞道，聞什麼道？是宇宙人生的大道理。

❀ 捨不得生命就會恐懼

但是，一般人並不清楚「道」為何物，這不是一種宗教信仰，乃是王道、人道、天道等觀念，這是人文、自然的思想。像孔孟諸子等有哲學修養的人，知道死生自有天命，胸襟開朗；可是，一般人並沒有這種修養，所以，會對生命捨不

得，對死亡會害怕。

捨不得目前已經擁有的，害怕面對死後的茫然無知。本來還活得好好的，一下子死神來迎，便什麼也沒有了；如果有的話，究竟會到哪裡去呢？所以，恐懼心自然就出現了。

有宗教信仰的話，對死亡就比較不會恐懼、悲哀。

基督教、天主教說是歸主、受上帝寵召、到天國去了，和上帝及天使們在一起，多麼快樂。在人間既不自在、又不自由，去天堂多好。

印度和西藏這兩個民族有很虔誠的宗教信仰，對死亡也都不恐懼；不像一般中國人的家族，一旦有人新喪，一群人哀哀傷傷、哭哭啼啼的。

我在印度旅行，曾見到送葬景象，一點哀傷的氣氛都沒有，送葬時就好像抬著

一副家具似地在馬路上走，也沒有人注意他們。在火葬場上焚化遺體時，親戚、朋友並沒有哭泣聲，他們都在念咒、念經，臉上還帶著喜樂的表情。親友想，亡者已經生天了，當為他歡喜。

西藏人送葬也不會哭，而是為亡者誦經、唱歌，送他上佛國，尤其經過喇嘛誦經、加持後，亡者已經超度了。

對佛教來講，因為相信有來生的境界，所以對死亡不會覺得悲哀或恐懼。

如果你信仰天堂，也可以生天國。受五戒、行十善的人就可以往生天國。如果在世時雖也做了一點壞事，好事則做了不少的話，那就能夠再度投生到人間來，而且可能比這一生更好一點。

特別是在佛教中，有一種淨土法門或佛國淨土的信仰，就像釋迦牟尼佛告訴我們的西方極樂世界「彌陀淨土」，那是一

個極好的未來世界的環境。我們在這個世間死了，要去西方極樂世界的話，阿彌陀佛一定會來接引。佛在往昔生中已經發了這個願，只要有人在臨死之際願生阿彌陀佛的淨土，他一定會親自來接或派菩薩來接，那你還怕什麼？

✹ 對來生安心、放心有信心

我們法鼓山通常會為病危臨終的人說法，先告訴他要安心、放心，而且要有信心；要相信如果你的身體還不到死的時候，佛會保佑你趕快健康，如果身體已經沒有辦法維持下去，阿彌陀佛便會接引你到佛國淨土中去。或者，這一生中你做了很多善事，即使不想去佛國，來生也是佛教徒，也會做好事，這就是菩薩行者，在人間廣度眾生。所以，但願你早日再來造

福我們這個世界。

多半我們會請他默念阿彌陀佛，若他自己不能念，讓他聽到阿彌陀佛的佛號聲；若他自己已不能專注地聽，則勸他心中要信有阿彌陀佛，如此一來，就和佛相應了，與佛相應，就能到佛國去。佛國多遠呢？沒多遠呀！物質空間上雖有距離，但精神世界沒有距離。

我們對死亡的觀念要改善，否則，遇到親人死亡時，好像全家都變成走投無路的樣子，實在大可不必。

———
選自《法鼓鐘聲》

25
走出人生活路

　　我們每一個人都是哭著出生的，因為當人一出生，就要面臨自然界的挑戰，換句話說，就是自然界給我們生命的一些刺激和壓力。無論如何，人都是要活下去，在這種狀況下就要對抗壓力，要接受環境的各種磨鍊。

　　我小時候連飯都沒有得吃，但是在那種狀況下，不覺得自己走上絕路，也不覺得童年很痛苦，因為這就是生活。在困難的環境中想辦法活下去，我的父母如此，我也是如此。如果我們希望世界，無論政

治、經濟、社會、自然環境，或是教育環境都很好，就像我們身處天國或伊甸園一樣，這是不可能的。從歷史上來看，不管是西洋史也好、東方史也好，都是天災人禍不斷，雖然很多人死亡，但是活下來的人還是比死亡的人多。

❀ 人間如何是淨土

也許我們今日批評整個社會環境很壞，道德淪喪，很多政治人物、媒體、教育人員、甚至父母都沒有善盡責任，沒有道德、沒有倫理。其實早在孟子時代，他便說：「人之所以異於禽獸者，幾希！」孟子感慨那時有很多人不像人，像禽獸一般，這表示連古代也是如此。我們希望社會是一片天堂或是淨土，有可能嗎？不可能的！外在的環境絕對不可能變成淨

土，但我提倡一個觀念，那就是「人間淨土」。

　　這個「人間淨土」從哪裡來？世界本來就是矛盾百出、問題重重，處處充滿陷阱、危險，在這種狀況下，還能夠化險為夷，平安地度過，那就要靠我們的智慧，要調整自己的觀念、心態來看人。也許我們對這個世界感到失望，失去安全感，但是依我的經驗，逆境會讓我們成長得更快，打擊能把我們磨鍊得更堅強。從歷史、社會的角度來看，能夠經得起打擊、磨鍊、挫折的人，除了意志堅定，主要是不斷地檢討自己，同時也成長自己，如此才能度過一個又一個的難關。

❋ 自求多福

　　我們常說「自求多福」，我對這句話

的詮釋是：「自己求自己的心安。」自己的生活不受所處的環境影響而混亂，心態亦不受環境的影響、誘惑或打擊而混亂，那就會平安。否則，就是我所形容的「不斷隨魔鬼的音符跳舞」；事實上，我們看電視而受影響，就是隨魔鬼的音符跳舞，但不是要我們不看電視，而是要練習著，很清楚知道那是魔鬼的音符，但不隨之起舞。

　　媒體的報導或是廣告，多半是誇大多而事實少，但難道完全就不是事實嗎？應該還是有些事實可以參考，那就要用智慧去判斷。我認為不應對我們的社會、世界失望或絕望，要對自己懷抱著希望，將社會當成自我磨鍊的環境。

———
選自《珍惜生命——聖嚴法師與
吳念真、黃春明、李明濱的對話》

26

死亡是生命的起點

　　大家都知道為了迎接新興的，就必須放下舊有的；為了進步就須放下昨天的自我，而重新建立今天的自我，以求明天的進步。如果老是堅持自己的老想法和舊觀念，不願接納他人的建議或現實社會的運轉，此即表示這人根本毫無進步可言，同時他也不能被時代和社會所接受。

❊ 捨棄自我的執著

　　釋迦牟尼佛留傳給我們的教導是：捨

棄自我的執著，因為事事物物都是無常。
也就是說，任何事物都會由於因素條件之
異動而有不同的變化，既然會變化，為何
不順應著因緣時節而加以推動呢？為何不
化被動為主動，放下再提起呢？如果基於
不願放棄既得的權利地位，所以產生自我
矛盾，不但自己跟自己產生衝突，也跟環
境對立。如果能認清事實，一切都在進步
之中，一切都在演變之下，又有什麼捨不
得、放不下的呢？

※ 放下和提起

記得有位居士對我這麼說過：「師
父啊，您老囉！您會不會死？」我答：
「人，不可能永生不死。」「師父，您怕
不怕死？」「死是這一期生命的盡頭，也
正是另一段生命的起點，並不是說人死就

一了百了什麼都沒有了。世界上任何現象的生與滅、起與伏，都是自然現象，所以，死亡並不可怕，死亡是放下，因為能放下就是為了進一步再提起。」

———

選自《禪的世界》

聖嚴法師的叮嚀

生命，其實就是生活的連續，
每一個人出生之後，
努力生存下去的過程就是目的。
不論生命的長短，只要能繼續活下去，
只要不糟蹋自己的生命，
不論過程多麼艱難，
都應該努力活下去。

27

虛幻的人生

佛法所說的幻化意思是：凡是會變動的就是虛幻的。早上看到的一朵鮮花，很快就變成了明日的黃花；早上看到的太陽在東方，下午它就到了西方，這都是在變動。

※ 人生隨時都在生生死死

人也是這樣，我們每天看一個人，不會覺得他有什麼改變，如果隔個一、二年才見面，就會覺得他有一點改變了；年

輕的人可能還不容易體會，像我這麼老的人，一、二年沒見面，很多人就會說：「法師，你好像又老了一些。」

俗話說「人生七十才開始」，這是錯的！因為每一剎那、每一秒鐘都是一個新的開始，但也是不斷地在衰老之中。

❀ 生命的新陳代謝

很多人認為，出生的時候叫作生，死亡的時候叫作死，在這之間的過程叫作老，其實生命中的每一個變動都是在生、老、死的變化之中。我們身體的每一個細胞都不斷在新陳代謝，我們的心也不斷地在生、住、異、滅的變化中。如果這不是虛幻，那又是什麼呢？因此任何一樣事物都不會是真實不變的，它一直都在變。

不過，變並不等於什麼都沒有，而是

虛幻的；網際網路是虛幻的，但它也不是
什麼都沒有，而是說不能持久，不能永遠
不變，那就叫作虛幻。

———
選自《聖嚴法師與科技對話》

聖嚴法師的叮嚀

人生無常，
本來就沒有什麼是永久不變的。
自己不能掌控的事情發生了，
還是能用積極的態度面對它，
把不安全感放下來，並告訴自己，
人生的過程，就是流浪的事實，
如果正面接受它，
就不會有生存的恐懼感了。

28

活不下去了？

　　自殺，已經連續好幾年是臺灣十大死亡原因之一了。平均幾個小時就有一個人自殺，這對社會是很大的損失。引起自殺的原因很多，有人說是媒體不好，報導太詳細，讓人會模仿自殺；也有人說是政治太亂，讓人民很苦悶；也有人怪罪是社會風氣敗壞，讓人失去心靈的平衡，內心價值觀混亂等。

　　其實，自殺大部分是與心理、精神疾病有關，憂鬱、恐慌、妄想等症狀。曾經有人告訴我，老是有個人在他耳朵裡說

話，叫他去死。

「可是我並不想死。」他會跟那個聲音對話。

「不行，你快去死！」那個聲音一直命令他。

我勸他去看醫師，乖乖吃藥，後來聲音就不見了。

有時，我也告訴信徒，如果睡不著，就念「觀世音菩薩」。如果念佛菩薩的聖號也不能安定你的心，那就去看醫師，沒有什麼不好意思的。

✻ 每個人都有生命的功課

有人說「生不如死」，其實這是不清楚生命的價值。人的一生是有特殊任務而來的，生命是一種過程，此生之前還有生命，此生之後，也仍然有生命。這一生的

任務沒完成、工作沒做完，你不能先走；走了，就是對生命不負責任；就算硬溜走，下一輩子還是要接著完成的。

在生命中，我們各自有要完成的功課，有我們要奉獻的，這是不能逃避的，否則只是延續到來生而已。佛教徒是藉著這樣的生與死的信仰，來理解人生的苦難，如此就會明白「自殺不是一了百了」。人生裡的問題也還是問題，你只是暫時拿死亡來逃避，終究還是要面對的。

❀ 生命不應毀約

我相信，人的每一段生命劇本會不同，但困境會重複；自殺是對生命的毀約，因為你臨陣脫逃，沒有按照劇本演出。

有人常說：「生命無價。」勸人愛

惜生命，雖有道理，但我覺得還不夠具有說服力。生命不是用價值看，而是義務。生命再苦，也要過完，就是面對它、接受它、處理它，最後放下它。

———
選自《方外看紅塵》

聖嚴法師的叮嚀

隨時安心、隨念安心、隨遇安心，
隨時隨地把心收回來，
讓波動的心安定下來。

29

呼吸在，希望就在

　　不切斷自己的後路，一步一步往前
走，前方總會看見希望。因此我要建議：
每一個人都應該要有自己人生的寄託。如
果能有一個生命的寄託，就是找到生命的
歸屬感，也就有了生命的目標與方向。這
個時候，就不會懷疑活在世上的意義，而
有一種穩定的安全感。

❀ 活著就有希望

　　就像船在大海中航行，不可能每天

日麗風和，也會有起風落雨之時，甚至面臨暴風巨浪。可是在風雨來襲之前，我們可以事先找避風港掩護，等風平浪靜之後再出發。人生的過程也是一樣，難免遇風遇雨，有時甚至是大風大浪來襲。一輩子平順沒有任何困境，那是不多見的。有些人遇到小風小浪，完全招架不住，徹底崩潰；有的人即使遇巨風駭浪，也能從容不迫；也有的人，知道風雨欲來，先找避風港保護再說，因為活著就有希望。

✻ 以時間爭取空間

我經常說：「只要還有一口呼吸在，就有無限的希望。」只要活著，哪怕只有一分鐘，就有一分鐘的價值，就有一分鐘的功能與希望。人生的希望處處都有，為什麼要自殺呢？

以經濟問題來說，譬如欠了卡債、地下錢莊而還不出錢來，臨到對方催債，因為受不了壓力而選擇自殺的人，可能心裡想著：「我就是沒錢，大不了一死，死了就什麼都不欠了。」事實上，「債」是不會憑空消失的；今生不還，來世還是要還償，到時候連本帶利，可能還更多。

　　因此，我要勸勉有經濟壓力的人，就算是被債主逼債，也不必要自殺。債務不會永遠還不清，現在一時還不了，將來仍然可能還清。只要活著，以時間來爭取空間，目前沒能力償還，也許時間一久，就會有新的轉機。再怎麼辛苦，再怎麼難捱，還是要堅持活下去！只要活著，就有機會，就有希望。

選自《法鼓山的方向：關懷》

30
生死自主

　　曾經有一位禪師說過：「生死自主，來去自由。」這聽起來非常誘人——生死可以自主，而來去可以自在、自由。但是許多人誤解了這句話的意思，所謂生死自主並不是說，有人要殺你的時候，你可以不被殺，遇到災難的時候，你可以避免一切危險。而是說，你很清楚你是怎麼死的，死的時候一點也沒有怨恨、恐懼，清清楚楚、明明白白地曉得時候到了，知道我在這個社會上應該死了，所以死得非常自在，這才是自主，並不是說能夠避免所有

一切困難。

※ 安於困惑

　　這位禪師曾經因為政治上受到牽連，而被關在牢裡很多年，最後死在牢中，這在佛教中稱為「教難」，可是他還是講「來去自由」。如果我們想像中的來去自由是一種神通，那麼，他大可以不必被關在牢裡；即使被關在牢裡，應該也可以隨時運用神通離開牢房，就是我們所稱的「飛行自在」，有人以為這才是「來去自由」。其實不是，禪師的意思是說，來，是我要來，不是被動的；去，是我要去，不是被動的。業力要我來，我就來了，這不是我自己要來的嗎？業力和因緣要我去，我就去了，這不是自主的嗎？還有，自己正在困惑之中，不以為困惑，這叫作

能夠安於困惑、安於困難。如果在這個情況下，心還能非常地安定，這也叫作自在，叫作自由。

❋ 轉心才能轉境

所以佛法中講的自由自在，是從內心做工夫，並不一定要求外境能如我們所想的那樣如意。可是佛經也並不是說，我們可以沒有理想、安於現狀、不求進步、什麼事情都不必做，反正任何時候都是自在的。佛教還是重視積極努力，改善社會環境。

選自《福慧自在》

3I
自我肯定生死方向

　　唯有了解自己的優點和缺點之後，一個人才能夠真正自我肯定。所以自我肯定必須透過自己努力再努力，反省再反省，這樣的原則是不會變的。

　　曾經有位專欄作家來訪問我，準備為我寫報導，我告訴他：「舉凡是『人』會有的缺點——貪、瞋、癡、慢、疑，以及喜、怒、哀、樂等問題，我多少都會有，因為我是一個平凡的出家人。」他聽了之後，很驚訝地說：「法師，您這麼坦誠，那我們這些人又是怎麼樣的呢？」

雖然我和各位是相同的，但所不同的是，我知道自己的問題和缺點，不會去誇讚、誇大自己的優點。我有我的長處，但這不算什麼，因為以一個出家人來看，應該要做得更好，而我沒有做到這麼好，我該慚愧的。我是抱持這樣的心態來做人處事的。

✿ 珍惜時間、珍惜生命

我的身體狀況一向不好，二十幾歲時，許多人都認為我隨時會面臨死亡，連我的同學也說，我來臺灣不到三個月就會死，但我不但活得好好的，而且還活到了現在。

原因是我沒有想要死，也不怕死；再者，我的健康雖然很差，但我知道要珍惜時間、珍惜生命。無論在任何情況下，

都要用這個身體，對自己、對他人、對社會、對人類有所貢獻，絕不吝嗇、不逃避，這就是我這幾十年來，以病弱之軀勞苦奔波的主要目的。

我一生貧寒，從孩童到少年時代還被視為弱智的人，但是活到現在，至少還做了一些事情。我的生命一開始其實是很微不足道的，能夠逐漸走出一條路來，是因為我始終不因任何阻擾、障礙而退卻，也絕不會哀哀怨怨，或向命運低頭。我沒有任何雄心壯志，唯一有的就是恆心。

另外，我總覺得，每個人都應該有一條路可走，我在任何狀況之下，絕不怨恨任何人，雖然當時的心裡並不舒服，或是對自己失望，但是我不會怨恨人。

❀ 步步踏實的人生

　　我的人生就是秉持這樣的態度,走一步是一步,無論遭遇什麼困難,我都認為是正常的,因為一切都是因緣和合,什麼時候要發生什麼事,是無法掌握的,只要抱著面對它、接受它、處理它、放下它的態度,就能較平靜地看待問題。所以,對於是非、功過或得失,也毋須計較,只要平平穩穩、踏踏實實,就能成功。

———
選自《帶著禪心去上班》

32
生死心切

生死心是非常重要。如果生死心迫
切，那麼就會非常迫切地希望求出生死。
有人能夠感覺到生死這個問題、這件大
事，可是普通人是想不到的。當我們在很
健康的狀況下，活得好好的，對於死亡這
椿事不會有那麼大的興趣，或者不會有那
麼大的震撼力。

❀ 死亡不會挑選年齡

有的人能夠在見到自己的親人死亡

時，感受到生死的問題；有的人從死亡邊緣走了一趟，發覺自己這條老命是撿回來的，隨時可能又會死，這樣生死心就會提起來。但是，沒有這種經驗的人，不容易提起生死心來。

有很多的人明明知道會死，但是卻忌諱面對死亡。我在臺灣遇到過一位老太太，她已經八十五歲了，我要她準備未來，好好修行。她跟我說：「要我準備未來做什麼？」我說：「未來面對死亡。」她好生氣地說：「你不教我長壽，卻教我死亡，我活到八十五歲了，你就希望我死，我還不想死！你教我長壽好不好？」可見，不一定只有年輕的人不希望把「生死」兩個字掛在鼻尖，上了年紀的人也不想。

請問，死人全部都是老人嗎？我們每天聽到許多意外事故死亡的人，例如車

禍，還有許多是因為疾病，例如癌症、愛滋病等。死亡不會挑選年齡，這些病魔並非專找老人，任何年齡的人都可能死亡。

❋ 出離心和菩提心

生死心的意義，並不是等待死亡，而是指死亡可能很快地到來，所以在還沒死之前，趕快運用我們的生命來發揮智慧，早一點伏煩惱、斷煩惱，並且更進一步，好好地利益眾生，使得眾生也都能夠少一些煩惱、少一些痛苦、少一些災難。

這同時具備了兩種心：一種是出離心，另一種是菩提心。讓自己從煩惱中得解脫，是出離心；讓眾生減少煩惱、痛苦和災難，是菩提心。要用我們這個生命，盡快地做，若是不做，什麼時候會死？不知道。

佛經說，在人間修行，要比到佛國淨土修行的力量更大、更快，因為在人間，有身體也有障礙，而在有身體、有障礙的狀況下修行，得到的力量比較強，到了佛國淨土以後，因為沒有現在這樣的肉身，也沒有障礙，修行就會比較慢。

我們的煩惱愈輕，死了以後，進入佛國淨土的蓮花就愈大、品位就愈高。

———
選自《聖嚴法師教話頭禪》

聖嚴法師的叮嚀
———
我們要不斷地警惕自己
隨時隨地都處在老化的過程中，
並且要好好利用生命中的
每一分、每一秒。

33
不執著於生死

　　一般人在認知上，了解一切現象都是有生有滅、有垢有淨、有增有減的。在感情上卻都希望可喜可愛的事物，最好能永遠有生、有淨、有增，而永遠沒有滅、沒有垢、不會減，這是愚癡凡夫的想法。

❀ 有生就有死

　　有人生孩子，大家恭喜他，而當有親人過世時，即使活了很大的年紀，親朋好友還是會悲傷、痛苦。也有極少數人十分

悲觀、極端消極，認為有生就有滅，看到了初生的嬰兒就說：「好可憐！這世界上又多了一個快要死的人。」看到花開了就說：「唉！好沒有意思，過幾天花就要謝了！」遇到晴天並不開心，因為不久就要下雨了！見到妙齡少女，便想再過幾年她就要變老變醜了。這雖是事實，唯以如此負面的態度看待人生宇宙的現象，也是不健康的。

佛法在觀察任何一樣事物時，都要洞悉事物的本末因緣，雖然萬事萬物都會生滅消長，但在這個當下，也都有其存在的事實，不可把年輕人看成老年人，不可把活人看作死人，不可乘船時，船還未翻你卻先往水裡跳。

了解到有生就有死，有淨就有垢，有增就有減，就不會執著於一切的現象，而能認知到它現前的存在只是一個過程，

所以失敗時不會太頹喪，成功時不會太興奮，只是盡自己的能力把當下每一件事做好，這就是不生不滅。生的成功，不可能永遠擁有它；滅的失敗，不可能永遠無起色。

❋ 觀察生滅現象

生與滅是並存的，在生的時候就在滅。一棟新的房子完成時，就開始變舊，但是我們不會因為房子會變舊、損壞，就不蓋房子，因為在房子蓋好到損壞這段期間，可以好好地利用它。對於身體也是一樣，從出生就在趨向老、病、死的過程中，但在走向老、病、死的過程中，我們可以好好利用身體的生命，做有意義的事，所以現象雖是念念生、念念滅，過程還是有的。

在日常生活中，我們以眼睛所接觸到的一切事物來觀察生滅現象，會發現一切的現象都是在生滅的過程中進行，一切現象有生有滅，但此生滅的過程都是即有而空，也是即空而有，所以稱之為不生不滅。

———
選自《心的經典》

聖嚴法師的叮嚀

若能懂得一切現象都是無常，
便能對未來充滿信心，
對世間充滿希望；
對美好的抱持感謝，
對不好的感到樂觀。

34

忙得快樂，累得歡喜

我常勉勵人：「忙、忙、忙，忙得
好快樂；累、累、累，累得很歡喜。」然
而，因為大部分的人都不知道是為什麼而
忙，也不知道為何而累，所以往往在繁
忙當中，就會感受到心理壓力，疲累的時
候，便覺得煩躁不已，累得無聊、忙得苦
惱，反而成了「忙、忙、忙，忙得要死；
累、累、累，累得要命」。

當我們能夠體驗到時間寶貴、生命
有限，知道的太少，需要成長的太多時，
我們就會好好運用這個有限的生命，來做

無限的功德。生命的確有限，我也常感覺不久前才是個小小孩，一轉眼間就老了，現在每當有人問我多大年紀，我就告訴他們：「快了、快了！」所謂「快了」，就是快要死了。我現在快八十歲了，什麼時候會走我不知道，但我相信人生不會再有另一個五十歲、六十歲。

❋ 生而為人不容易

佛經裡有這麼一個偈子：「是日已過，命亦隨減，如少水魚，斯有何樂？」譯成白話就是：「今天一天又過去了，我們的生命也隨著減少，就像是魚在淺水池塘裡，隨時隨地都準備面對死亡，還有什麼好快樂的？」正因為生命是如此有限，就是想多活一點也由不得自己，因此才要好好地運用，不斷地充實我們的智慧、充

實我們的福德。

　　佛教徒相信這一生是從過去生來的，而且這一生結束之後，還有未來的生命。我們這一生已經夠麻煩、夠辛苦的，既然好不容易生而為人，那麼就應該善加把握，多做功德，儲蓄智慧和福德的財產，以求未來會比現在更好。

　　這就好像告訴我們，要趁年輕的時候，努力工作，多賺錢多儲蓄，才能有養老的本錢，老本愈多，年老的時候就愈有保障。所以，我們必須充分利用時間，奉獻自己、幫助他人、服務他人、照顧他人、關懷社會。我常說：「忙人時間最多，勤勞健康最好。」忙碌的人因為珍惜時間，就會善用時間，反而會有時間。一個勤勞的人，身體健康一定良好。若希望自己活得健康快樂，就應該忙，希望在人生過程中，多儲蓄福德和智慧，更需要忙。

✳ 為誰辛苦，為誰忙

雖然有時看起來好像不是為了自己而忙，所謂「為誰辛苦，為誰忙」，乍看好像忙得很冤枉、很不值得，彷佛是白忙一場。以佛教的觀念來說，這種想法並不正確，我們的觀念是：忙是為自己忙。即使你的這一生在他人眼中看來什麼也沒得到，但還是得到了功德，這是智慧以及福德的功德，在忙於工作的過程中，本身也得到了成長，絕非毫無價值。

有了這種觀念，忙碌的人會忙得很快樂、累得很歡喜，就像是種田的農夫，感謝有田地可種，工作的人也會感恩有這個機會、這種因緣讓他忙、讓他累。

如果錢已經夠用了，擁有汽車洋房，物質不虞匱乏，一切都順心如意，不妨到法鼓山來做義工，整理環境、做接待、做

關懷，你一定會享受到「忙、忙、忙，忙
得好快樂；累、累、累，累得很歡喜」的
滋味。

選自《工作好修行》

聖嚴法師的叮嚀

為了個人的私利，
應當少欲知足，安自己的心。
為了眾生的福利，
必須盡心盡力，安他人的心。

35
生死一步跨過

「貪生怕死」是好現象！人如貪生就會愛護自己的生命；因為怕死，所以會悉心照顧自己的健康。人類為了謀取生存，在克服種種困難的過程中，發揮了智慧和人性的光輝。由於互助而促成了社會的進步，由於彼此的溝通，產生了語言文字與文明，使得人類的生活更富裕、更安全。所以，「貪生怕死」乃是為人帶來文明和文化的動力。

✽ 從貪生怕死到成仁取義

可是，司馬遷〈報任安書〉有云：
「人固有一死，或重於泰山，或輕於鴻
毛。」為了許多人的安全而自己去冒險犯
難，乃至犧牲生命，稱為「成仁取義」；
這也正是從貪生怕死的基礎上，顯露出人
性的昇華。行菩薩道的人，便是常以自己
的生命換取眾生的安樂；唯有肯定了生命
的可貴，始可見出捨身以救人的行為的崇
高偉大。

一九七五年初夏，我在美國聽到當
時我國駐紐約的公使——夏功權先生講的
一個故事：他表明是一個佛教徒，並是獨
生子。當抗戰初期，在蔣委員長「十萬青
年十萬軍」的號召下，那時他才高中剛畢
業，就參加騎兵部隊——騎兵負責斥候、
探聽消息，在所有的部隊裡頭是最危險的

兵種。他受完訓練，正在等待分發；他要報國，但又想到他的寡母：「假若我死了，母親怎麼辦？」他感到內心的矛盾！這時，他每天都騎著一匹馬到雲南山中的一間寺院去參拜。有一天，住持老和尚問他：「你這位青年軍官，每天來做什麼？」他說：「我很喜歡這裡的風景！」老和尚說：「不是！我看你有心事！」他說：「你怎麼知道？」他就將心事說了出來，並且請教怎麼辦？

❋ 生死的重量

老和尚說：「軍人應該是不怕死的，對不對？」

他回答說：「不一定！不過，死有重於泰山，死有輕於鴻毛。」

老和尚說：「比喻雖好，可惜還有問

題！何不體驗，生死一步跨過。」

　　夏功權先生很有善根，他聽了這句話以後，心裡頭突然一亮：生死，只有一條線，只消一步就跨過罷了。從這一邊跨到那一邊，只是一步之隔而已；並不像孔子所說的：「未知生，焉知死？」那樣地蒼茫。從生至死，只是多走了一步；既然端正地走出下一步，當然還有另一步；生與死乃是無窮生命過程中的連接。因此，在往後的日子中，他不想到怕死，結果他一直活得很有精神。

　　但是，不貪生怕死，並不等於沒有生死。「生死一步跨過」當有雙重意義：第一重是從此一生死到另一生死；第二重則是一步跨越生死而到達不生不死。因此，我們必須進一步講「了生脫死」。

選自《拈花微笑》

36

人生的目的、
意義、價值

　　在汲汲營營、忙忙碌碌的生活中，你可曾想過人生在世的意義和價值究竟是什麼？是來吃飯的？穿衣服的？還是來賺錢、求名、與人爭鬥的？

　　很多人就是在貪生怕死、貪名求利、你爭我奪中，一天一天過下去。看到大家要的我也要，大家不要的我也不要。以為很多人都要的，那就一定是好的，所以搶著要，但是從來不去思考，自己是不是真的需要。反正大家都要的我就要，大家都不要的就立刻把它丟掉，因為既然大家都

不要，我還要它做什麼？

　　就像螞蟻一樣，通常只要一隻螞蟻嗅到了有味道的東西，其他的螞蟻通通都會圍過去。可是這不是人的行徑。人應該有「我要的不一定是人家要的，人家要的不一定是我要的」的觀念，這才是真正獨立的人格。可是，一般人多半喜歡跟著別人起鬨，這是很悲哀的一種現象。

❋ 人生的目的

　　一個人如果活著而沒有目的，一定會非常空虛，覺得生命沒有價值，像行屍走肉一般，那又何必活受罪？不僅生存本身變成多餘的，而且也白白浪費世界許多的資源。

　　但是生命一定有它的原因，也一定代表某些意義。它的目的是什麼？最後會到

哪兒去？又會成為什麼呢？

以佛教的觀點來看，人生的目的，凡夫是來受報還債，佛菩薩則是來還願；如果知道人身難得，能夠知善知惡、為善去惡，人生就有了意義；如果又能進一步積極奉獻、自利利人，這就是人生的價值。

所謂「受報」是：我們必須要為我們所造的、所做的、所想的、所說的行為負責任。我們的生命，無非是自作自受；過去世造的因，以及這一生的善行、惡行，結合成現在這樣一個人生，便是生命之所以存在原因。

但是僅以一生短暫的時間來看，很多現象看似不公平，也沒有辦法解釋。譬如有的人在這一生非常努力，但就是不成功；有的人並沒有這麼努力，卻一帆風順，左右逢源。表面上看起來很不公平，其實這要追溯到過去世，以及一世一世、

無量的過去世之中，我們曾經所造的種種行為，尚未受報的就可能在這一生中受報，也可能在未來生才受報。而我們所做的種種行為，有好的，也有壞的，造好的業受福報，造惡的業就要受苦報。

※ 人生的價值

至於人生的價值是什麼？很多人認為人生的價值就是有錢、有地位、有名望、讓人家看得起。譬如，在外面做了官，衣錦還鄉，讓家鄉的親人、鄰居、朋友都風光一下，不但表現了你的個人價值，地方上也因你而有了光彩。但這是不是真正的價值呢？

真正的價值應該不在於顯耀家族的虛榮，而是在於你所做的實質貢獻。如果你是投機取巧、巧取豪奪而得到的名利權

勢，即使一時間很風光，也沒有真正的價值可言。因為這個價值是負面的，造的是惡業，將來是要受報償還的。

　　雖然我們凡夫是來受報還債的，但是也不妨學習佛菩薩的精神，為自己的人生發一個願。這個願可大可小，可以小到只是許願：「我這一生之中要做個好人。」許願自己在這一生中，不做壞事、不偷懶、不投機取巧，盡心、盡力，盡自己的責任。即使這一生做不好也沒有關係，因為還有來生可以努力。這樣的人生，就是有價值、有意義，而且充滿希望的。

選自《找回自己》

37

早知道，早修行

〈普賢警眾偈〉中說：「是日已過，命亦隨減，如少水魚，斯有何樂？」如果能將這四句話牢牢地貼在心上，你會非常珍惜自己的時間。

※ 及早努力不遺憾

中國人有一句諺語：「不見棺材不掉眼淚。」眾生很愚癡，一直要到快進棺材之前，才知道時間不多了，才會覺得：「很可惜，我這一輩子要做的事情，怎

麼還沒有做？要完成的心願，都還沒有完成。真是遺憾！如果曉得這麼快便要死了，我老早就好好用功、好好努力了。」但是已經來不及了。

三十年前，我去探望一位快要往生的老法師時，他說他對我感到很抱歉：「聖嚴，我真覺得對不起你，當你閉關修行，以及去日本求學的時候，我一點都沒有幫助你。雖然那時我是有餘力的，但是總覺得不知道這個年輕人將來真的有用嗎？所以沒有真正地去幫助你。」結果，他看到我從日本留學回來，在大學裡教書，並且開始帶禪修了，這時他覺得很抱歉、很後悔，當初為什麼不幫助我？

他接下來又講：「如果我現在不死的話，我會好好地幫助你弘揚佛法。」結果，沒過幾天他就往生了。雖然這位老法師當初不看好我，心中猶豫是不是值得

栽培我，至少，他最後還是想要幫助我，而他的祝福我還是收到了，所以我很感恩他。

❀ 把握修行的機會

人的一生之中，想做、當做的，若沒有馬上做，機會一失去便沒有了，後悔莫及，所以，你現在能做的馬上做，現在能有修行的時間，要馬上精進修行。

我相信有很多人到臨死的時候，都會有很多的遺憾：「當時我如果是那樣子的話，該有多好！」因此，在參禪、修行的時候，一定要把握你的每一個機會、每一點時間，來成長你自己，讓修行更深入，讓善根更深厚，這是非常重要的。

————
選自《聖嚴法師教話頭禪》

38

禪的生命態度

　　煩惱是因習性而有，對世間一切現象
的感受，也是因為煩惱而有差別的判斷。
我們應當隨時隨地遇到情況時，都能體驗
到樣樣是現成的、完整的、新鮮的、美好
的。以這樣的心態來接受所有的一切，雖
然並不一定等於明心見性，確已是一位習
禪的智者。

❋ 一切都是現成的

　　這個世界有白天、有夜晚，有春、

夏、秋、冬，人在出生之後，也必定會有死亡，這都是現成的自然現象。

例如：這幾天我的腸胃不舒服，什麼東西都不想吃，我的侍者忍不住問我：「師父，您究竟要吃什麼呢？」事實上，不是我不想吃，而是胃不讓我吃。人有生、老、病、死，身體不舒服時，需要看病、吃藥，有的很快便會好，有的帶病延年，病到死為止。所以不必為此生煩惱，因為這一切都是現成的必然現象。

❀ 一切都是完整的

地球上的人在日蝕或月蝕時，看到本來完整的太陽、月亮，變得不完整，後來又恢復完整，好像真的有盈虧大小之別，其實，太陽及月亮從來就沒有因為地球人所見之不同而改變，它們一直都是完整的。

　　又如一張紙，雖然缺了個角，仍然是完整的，即使再切掉一塊，它還是完整的，只不過是由方型的完整，變為不規則的完整而已。因此，不論是多、是少、是大、是小，都是完整的。我們常常聽到佛教徒們說：法會圓滿、禪七圓滿、佛七圓滿、功德圓滿，其實，只念一個「佛」字，也都算是圓滿的、完整的，如果能這麼想，日子就過得很快樂了。

　　曾經有一位女居士因牙痛拔了兩顆牙齒，在此之前，她老是說：「牙齒好痛啊！痛得要死！」拔牙回來我恭喜她圓滿了，她不解地說：「師父！我少了兩顆牙，怎麼還圓滿呢？」

　　我答：「你本來在痛，現在把痛牙拔掉就不痛了，這件事不是圓滿嗎？」本來她還因為少了兩顆牙，感到很遺憾，聽我這麼說，觀念一轉變，心情也隨之改變。

※ 一切都是新鮮的

　　每一口呼吸都是新鮮的，每一件事物都是生生不息的，連年長者新長的白頭髮、白眉毛、白鬍子，都是新的，或是手上割破一塊皮，那也是新的傷口。

　　中國人的觀念比較老氣橫秋，習慣稱自己的先生、太太為老公、老婆，稱父母為老爸、老媽，人未老也被叫老了；在西方，即使年紀很大的人，都叫對方為親愛的、甜心。如果將人生當作樣樣是新鮮的來體驗，必定朝氣蓬勃。

※ 一切都是美好的

　　這是真的嗎？我有兩句話奉勸諸位：「任何一件事成功了，是美好的收穫；任何一件事失敗了，是美好的經驗。」

現代人的婚姻關係非常脆弱，有人婚姻觸礁，夫婦兩人生活在一起痛苦不堪，因此希望離婚，總覺得離了婚，就等於擺脫了可怕的夢魘。離了婚算是成功，是美好的收穫，但對婚姻本身而言卻是失敗，但也不妨視為美好的經驗。

選自《動靜皆自在》

聖嚴法師的叮嚀

世間所有現象都是美好的：
成功是美好的結果，
失敗也是美好的經驗。

39
活著就有希望

　　人生的價值觀是什麼？許多人不清楚人生的價值觀究竟為何物，為什麼會如此呢？第一，沒有人告訴他們；第二，所有的人都認為擁有物質享受、身分地位、權勢名望，以及愛情就夠了，沒有想到擁有之後，對於生命是不是真的幸福？是不是快樂？是不是平安？是不是健康？沒有人去深思，都只顧慮眼前，只希望追求物質、有形的東西。

　　媒體曾經報導有一對父母，他們的兒子從小學到中學都是第一名，可是考進

大學以後，父母還是要求孩子不准考第二名，結果這孩子因為沒有考到第一名，覺得對不起父母，父母也責怪他不夠用功、將來沒出息，結果這個孩子自殺了！

人的價值觀真的只是「考第一名」嗎？事實上，考第一名的孩子，將來未必就很有希望；考最後一名的孩子，也不一定就沒有希望。如果連父母自己也不知道生命的價值觀是什麼，只因為大家都是這樣，所以也以同樣的觀念教導孩子。但這樣的觀念害死人，所以這樣的價值觀不正確。

我建議父母、老師，甚至社會上的每一個人，對自己要這麼勉勵：「生命的價值觀，就是在你的職責上盡你的責任，擔任職務是為了要盡自己的責任，必須要不斷地學習、創新，然後才能有更大的能量、能力來盡責任、做奉獻。」因此，我們的人生價

值，就是讓自己幸福、平安、健康、快樂，同時也讓跟我們相關的人平安、幸福、健康、快樂，這是我們的目的。

※ 調整情緒脫離颱風暴風眼

如果一個人總是想到自己的問題，覺得自己是沒用的，這個社會看不到自己，或看不起自己，這樣的人不但不健康、不快樂、沒有安全感，也不幸福。我們應該反過來思考，不要只為自己著想，而是要想到與自己相關的人，為兒女、父母、配偶，或是為團體、為工作相關的人，甚至是為整體社會與世界，都盡一份力。也許我們都覺得自己很渺小，好像在宇宙中不如一粒沙子，在地球上六十多億的人口中微不足道，唯有變成全世界有名的人，才會受到肯定。但真的是如此嗎？實際上，只要生存在這個世界

上，每種生物一出生就有它的作用，譬如花草，它們雖不知道自己是否有用，但是不能少了它們的價值，無論是插在花瓶裡或長在山邊、水溝邊都是有用的，因為關係到整個大氣層的平衡。

因此，我要呼籲大家在遇到狀況發生時，首先不要鑽牛角尖，把心靜一靜，心靜不下來怎麼辦？感覺呼吸。呼吸就是財富，但是呼吸就是財富的意思是什麼？我們體驗一下自己的呼吸，當心情非常惡劣、心情非常浮動時，只要仔細地體驗呼吸的感覺，然後在體驗呼吸感覺之後，再體驗自己的心情反應是如何，這樣反覆練習，直到內心平靜為止。颱風是沒有辦法控制的，但是個人的情緒是可以調整的；情緒調整之後，颱風可能還在，但是我們已脫離颱風的暴風眼了；又如地震可能還會發生，但是我們就不會受到這麼大的傷害了。

❈ 建立正確的價值觀

我也要再強調兩點，第一點是，人們一定要有正確的價值觀，人的價值觀是為了自己幸福、快樂、平安、健康；為了達到讓其他人也和我們一樣，我們就要非常努力地學習，學習後要做奉獻，此時面對自己，就不會覺得自己沒用，而當他人發生問題時，又可以幫忙解決。

第二點就是，不要老是擔心自己的問題，而是要考慮到一切萬物，任何事物都有用，我們自己當然也有用，難道我們的生命還不如一根草嗎？如此一想，就不會輕言放棄生命。

選自《珍惜生命——聖嚴法師與
吳念真、黃春明、李明濱的對話》

40
珍惜人身可貴

　　或許有的人會認為今天做不完沒有關係，明天還可以做；明天做不完，後天再做；即使我自己做不完也沒關係，還可以留給後代做。這都是一種藉口，也是一種懶人心態。我們應該要隨時隨地提醒自己：今天要做的事今天就要完成，因為明天能不能活著還不知道，能夠趕出來就要盡快把它趕出來。

※ 剋期取證

因此佛法很強調精進，譬如「剋期取證」，意思就是要我們發願，一定要在某一個時段完成什麼。很多人都曾發願，願自己這一生之中能完成什麼。但是，願是要去實踐，否則就會變成空願。不過自己發的願通常做起來會比較有動力，只要一開始動，你的願心就可以慢慢地完成。如果不發願的話，大概連自己要做什麼？往哪個方向？做到什麼程度？都不知道。因此，我常勸人要發願，因為發願之後你就一定要做，你也一定會去做，而會努力去完成這個願心。

※ 好好運用無價的生命

其實，只要能了解「生命無常、人

身可貴」，就能克服喜歡拖延或懶惰的心態。因為生命是無常的，人隨時都可能死。但是我們人身是可貴的，失去了這個身體之後，就再也沒有辦法用我們的身體來完成工作了。所以，在我們還沒有失去人的生命之前，就要好好地運用這個無價的生命，來做無限的貢獻。這樣的話，就能夠激發一個人上進的心並驅除懈怠的心，否則得過且過，認為自己反正就只能這樣過一生，那實在是太可惜了。

人身是可貴的，人的生命是很難得的，並且非常短暫，我們要好好地珍惜、運用它，才不枉費這個寶貴的生命。

———
選自《放下的幸福》

生死 FOLLOW ME 1

生死不惑——40則生死自在指引

Life and Death Without Confusion:
40 Guidelines on Freedom in Life and Death

著者	聖嚴法師
選編	法鼓文化編輯部
出版	法鼓文化
總監	釋果賢
總編輯	陳重光
編輯	張晴、詹忠謀
美術設計	化外設計
內頁美編	小工
地址	臺北市北投區公館路186號5樓
電話	(02)2893-4646
傳真	(02)2896-0731
網址	http://www.ddc.com.tw
E-mail	market@ddc.com.tw
讀者服務專線	(02)2896-1600
初版一刷	2023年6月
建議售價	新臺幣200元
郵撥帳號	50013371
戶名	財團法人法鼓山文教基金會—法鼓文化
北美經銷處	紐約東初禪寺
	Chan Meditation Center (New York, USA)
	Tel: (718)592-6593　E-mail: chancenter@gmail.com

法鼓文化

國家圖書館出版品預行編目(CIP)資料

生死不惑:40則生死自在指引 / 聖嚴法師著;法
鼓文化編輯部選編. -- 初版. -- 臺北市:
法鼓文化, 2023.06
　面; 公分
ISBN 978-957-598-992-7 (平裝)

1. CST: 生死學 2. CST: 人生觀

197　　　　　　　　　　　　112004600